CÉLINE VON KNOBELSDORFF

ALS ICH TRÄUMTE

AUSGEWÄHLTE GEDICHTE

Mit Zeichnungen von
Serge Stegloff

 tredition®

EINS-SEIN

Das Dunkel der Nacht
verhüllt
die Verlassenheit
Ferne Stille
umhüllt
das Leben
Lichter der Unendlichkeit
begleiten
unsere Träume
leuchten
den Weg
unserer geheimen Wünsche
Sanfte Ruhe
eingehüllt
in die Geborgenheit
unseres
Eins-Seins

AUF DEM WEG

Ängstlich
stand ich vor der Tür:
Öffne mich
Zittrig
waren meine Hände am Knauf:
Gib dich hin
Unsicher trat ich ein in den Raum:
Lass dich fallen

Schwerelos
fand ich mich
in deinen Armen
abtauchend
im Spiel
unserer Lippen
unendlich
floss die Quelle
warmen Vertrauens

Still gehe ich über die Schwelle:
Komm nach Hause
Zärtlich ruht mein Blick auf dem
Erlebten:
Vereint mit dir
Geduldig empfange ich die Leere:
Mit mir sein

Erfüllt
breite ich meine Arme aus
Durchströmt von Liebe
schenke ich mich dem Leben
Verzaubert von dir
bin ich auf dem Weg zu mir

DEINS UND MEINS

Ungeduld
und
Hast
kämpfen mit
Ruhe
und
Träumerei
Was ist deins
und
was ist meins?

Worte
und
Klarheit
kämpfen mit
Gefühlen
und
Wandelbarkeit
Was ist deins
und
was ist meins?

Unsicherheit
und
Widerstand
kämpfen mit
Vertrauen
und
Visionen
Was ist deins
und
was ist meins?

Bist du
mir
ein Spiegel
und
ich
dein Bild
So
führen
wir uns
in die Freiheit
unseres Seins

UNSERE WAHRHEIT

Verschenken wir
das Strahlen
und
die Schönheit
unserer Mitte

Öffnen wir uns
für
unsere Wahrheit

ERWACHEN

Mit jedem Lichtstrahl
erwacht
eine Blüte
und
entfaltet
ihre Schönheit

Öffnen wir uns
entdecken wir die eigene Mitte
werden wir
Licht
für Andere sein

RHYTHMUS DES LEBENS

Aufgewühlt
der Seele Zittern
lässt meine Haut gefrieren
Wo ist die Luft zum Atmen?
Wo der Raum zum Sein?

Kalte Krallen in der Brust
mein Herz ist außer sich
fremdgesteuert
Wo ist der Takt des Selbst?
Wo die Ruhe zum Werden?

Hinausgerannt
kühles Feucht unter den Füßen
würzige Frische eingesaugt
den Klang der Natur wahrgenommen
Losgelassen
Gefallen
Aufgefangen

Niemals aufhören
meiner Stimme zu folgen
die Wellen des Lebens zuzulassen
Licht und Schatten
Landschaften durchwandert
Zerfall und Wiedergeburt
vollzogen
Heimkehr
zum
Rhythmus des Lebens

ALS ICH TRÄUMTE

Es war mir so, als ich träumte,
dass eine warme Hand über meinen Rücken glitt,
ohne mich zu berühren
und
in die Tiefe vertrauter Blicke zu versinken,
ohne sich in die Augen zu blicken.
Es war mir so, als ich träumte,
dass ich ein Lachen, ein Flüstern, ein Fragen vernehme,
ohne eine Stimme zu hören
und
viele bunte Bilder tanzten um mich herum,
ohne nach Ort und Zeit zu fragen.
Dabei
klemmte ein hüpfendes Herz den Atem ab,
trommelte im Bauch
und
machte den Kopf verrückt.
Ich träumte von einem Menschen
und es war mir so, als kenne ich ihn bereits
natürlich kenne ich ihn –
aus meinen Träumen.
Er ist mir vertraut, wenn
ich die Augen schließe
und wenn ich sie öffne,
erscheint mir alles wie im Traum.
Es ist mir so, wenn ich dich sehe,
dass uns Welten trennen
und
wir doch eine Sprache sprechen.

AUF DEN SCHWINGEN DES LEBENS

Ein Weg
voller Geheimnisse
und
tiefer Erfahrungen
Eine Zeit
faszinierender Wunder
und
erwachender Erinnerungen

Wir begegneten uns
als Fremde
und
wussten um unseren Weg
Wir reiften
zu Freunden
und
nahmen uns die Zeit

Im Dank
reichen wir uns nun
die Hände
Im Vertrauen
wenden wir uns nun
dem Eigenen zu
Mit der Liebe im Herzen
und
getragen
auf den Schwingen des Lebens

BEGLEITUNG

Kein Tag
gleicht
dem anderen
Jede Stunde
wird
meine Bestimmung
neu geschrieben
folgt
dem großen Strom
dessen Verlauf
ich nur erahne
Das Jetzt
erinnert mich
an die Vergänglichkeit
meines Seins
und
öffnet mir
die Augen
für die Kostbarkeit
der Augenblicke

So
trage ich
meine Sehnsüchte
mein Wünschen und
Hoffen
in meinen Händen
und
lasse sie frei
entlasse sie
aus dem Dunkel
meines drängenden
Pulses

Keine Begegnung
gleicht
der anderen
Jedes Getrenntsein
entfaltet
einen Raum
neuen Miteinanders
Wo
auch immer
dich dein Strom
hinführt
ein Teil
von mir
begleitet dich

BEGEGNUNG

Als ich dich sah
erzählten mir deine Augen
von einem Unbekannten
unbemerkt
begegnete ich mir selbst
und reichte dir
meine warme Hand
zum Abschied
Als ich deine Stimme hörte
war es die Wärme hinter den Worten
der ich vertraute
unbemerkt
begegneten wir unseren tieferen Quellen
und schenkten ihnen
Raum und Zeit
um emporzusteigen
Als ich deine Berührung spürte
schien mich deine Seele
sanft zu streicheln
unbemerkt
begegneten wir der unendlichen Kraft
und brachten
das Unsichtbare
zum Vorschein
Dort
wo wir uns begegnen
entdecken die das Geheimnisvolle
erleben wir das Wundersame
erfahren wir das Wandelbare

Dort
wo wir
in das Grenzenlose eintauchen
begegnen wir uns selbst
dort
begegnen wir
der Liebe

ERFÜLLUNG

Das Leben ist:
Voller Überraschungen und bunter Wahrheiten
Mit Ecken und Kanten
Eine Erfüllung des Herzens

BESTIMMUNG

Meine Träume
habe ich in die Nacht geschickt
und
sehnsuchtsvoll
die Dunkelheit
in leuchtenden Bildern
ausgemalt
Dann
wandte ich mich
dem zu, was vor mir lag
und
gab die Träume
in die Hände meiner Bestimmung.

Mit der Liebe
gehe ich seitdem
Hand in Hand durchs Leben
und
immer heller
leuchten
meine Erinnerungen
Jetzt
wende ich mich
dem zu, was mit mir ist
und
gebe meine Herzenskraft
zurück
in den großen Fluss des Seins.

BRUDER UND SCHWESTER

Fremdheit
schleicht
uns um die Beine
und doch
suche ich deine Nähe
Unerreichbarkeit
begrüßt
unsere äußere Hülle
und doch
sehe ich die Wärme
hinter
deinem Blick
Vergessen
scheint
wozu wir hierhergekommen
und doch
sehe ich uns
Hand in Hand
So stehen
wir uns gegenüber
zwei Menschen
die sich
erinnern wollen
und
empfangen
den Schlüssel
Vertrauen
öffnet
unsere Seelentüren

und
lässt
uns staunen
Verbindung
lässt uns
aufschwingen
in die Leichtigkeit
des Gemeinsamen
und
lachend
lernen wir das Wundern
So begegnen wir uns wieder
und
heißen uns willkommen
Bruder und Schwester

DEINE WAHRHEIT

Wo
ein Punkt
jedem Gedanken
Zeit zum Verweilen lässt
setzt du
ein Fragezeichen
Wo
ein Schild
jede Richtung
beim Namen nennt
liest du
aus den Sternen
Wo
eine Vision
jeden Weg
zu beflügeln versteht
suchst du
nach den Haltebuchten

Angelockt
von den Grenzen
deines Seins
wandelst du
in gläsernen Räumen
träumst dich
in ferne Welten
gräbst dich
durch deine Schatten

Wo
deine Verletzlichkeit
durchscheint
ringst du
mit
aller Kraft
um Haltung
Wo deine
Bestimmung
ungeahnte Aufgaben
an dich stellt
begibst
du dich
auf die Reise
zu deiner Wahrheit

DREI ELEMENTE UND EINES

Mein Blick
weht zu dir
unsichtbar
flüchtig
wie der Frühlingswind
unter dessen Schwingen
die Saat
bunter Blumen
ausgestreut wird
Deine Hand
gleitet über meine Haut
wärmend
schützend
wie die Sommersonne
unter deren Antlitz
die Vielfalt
unserer Heimat
in neues Licht getaucht wird
Unsere Worte
tanzen durch den Raum
unbeschwert
ungezählt
wie der Herbstregen
unter dessen feuchtem Schleier
der Boden
unseres Daseins
die Kraft des Wachsens in sich
aufnimmt

Augenblicke
vorübergezogen
Berührungen
erloschen
Gesagtes
weitergegeben

Mein Blick
Deine Hand
Unsere Worte
verloren in unseren Träumen
aufgefangen in unseren Erinnerungen
verwandelt im Sein
Getragen
durch den Ursprung
allen Lebens

Mit dem Wind gekommen
Aus dem Feuer geboren
Durch das Wasser genährt
Der Liebe Wesen
scheint
so uneinsehbar
so unbeständig
so haltlos
doch –
ein stiller Begleiter,
wenn dich mein Blick erreicht

wenn mich deine Wärme im Inneren
berührt
wenn unsere Worte zueinanderfinden

Die Liebe
vereint
die Saat im Wind
die Kraft aus dem Feuer
die Fruchtbarkeit des Wassers
Sie ist
die Erde
unser Halt
Sie ist da -
auch in Zeiten
der Windstille
der Kälte
der Trockenheit

AUGENBLICK

Früh
senkt sich
der Tag
verbeugt sich
vor
dem Abend
Kleine Gassen
weihnachtlich geschmückt
Aus den Fenstern
winkt
warmer Schein
Milder Kerzenglanz
leuchtet
den Weg
nach Hause
begleitet
die Gedanken
Leise
legt sich
weiße Ruhe
auf das Land
Heimkehr
in die stille Zeit
Würziger Duft
zieht
durch die Räume
verbreitet
heimeliges Schwelgen

Meine Gedanken
fließen
in Raum und Zeit
begegnen
dem Frühling
dem Sommer
dem Herbst
dem Winter
Das Herz
geöffnet
die Gefühle
empfangen
Erlebtes
passieren lassen
leer werden

Jetzt
ist der Moment
in dem
ich
bin
Jetzt
teile ich
den Augenblick
mit
dir

EL CAMINO: DEN WEG GEHEN

Losmarschiert
tapfer
und
mit großen Schritten,
so
als gäbe es
etwas zu bezwingen,
zu besiegen,
zu erobern.
Doch
der Weg
schleift
den Übermut,
führt mich
zurück
auf das Maß
meiner Möglichkeiten.
Er
lässt mich
meinen Körper
achtsam
wahrnehmen,
lehrt mich
den Schritt
vom Weg
bestimmen zu lassen.
Und
als ich dann
dem Berg
entgegen sah,

da schien
mich
der Weg
zu tragen,
einfach,
weil ich offen war,
dass mein Weg mich geht.

EINKLANG

Klänge
in die Nacht
geschickt
leise
summt
der Regen
im Spiel
des Winds
Dunkler Schauer
auf
meiner Haut
Fernes Rufen
herangeweht

Ort und Zeit
verschmolzen
verloren
aufgelöst
Einssein
mit
dem Atem
der Natur

Träume
in die Unendlichkeit
gesandt
sanfter Schimmer
zwischen
bizarren Umrissen
Feuchtes Zittern
umkreist
mein Inneres
Heimliches Schweigen
hinausgetragen

Ort und Zeit
entdeckt
wiedergefunden
im
Einklang meines Selbst

EINIGKEIT

Einigkeit
ist
unser Ursprung
doch
Licht und Schatten
ist
das Spiel
dieser Welt

Schauen
wir
der Träne Glanz
und
erkennen
die Unschuld
unserer Dunkelheit
so
lassen
wir uns ein
in
den Tanz des Lebens

Dort
wo
unsere Liebe
alte Wunden
heilt
und
lächelnd
Versöhnung
zaubert

Dort
finden wir
die Heimat
unserer Seele
Einigkeit sind wir

FREISPRUCH

Beseelte Luft
stiller Klang
zieht
durch die Räume
Vor die Augen
legt sich
der Schleier
des Erlebten
Erinnerungen transparent
gleiten vorbei
umkreisen
das Herz
Zarte Berührung
das Reinste
in die Obhut
deiner Hände
gelegt

Banges Schweben
Tanz der Sinne
freigelassen
und
wohlbehütet
im Innersten
aufbewahrt

Zerbrechliche Kostbarkeiten
ausgetauscht
anvertraut
hinterlassen
Dem Unbeschreiblichen
gefolgt
und
die Liebe
freigesprochen

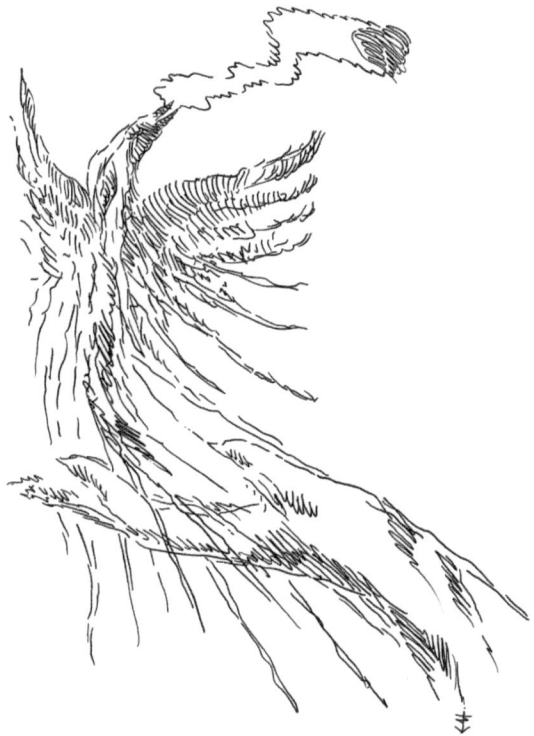

ERWACHEN

Deine Stimme
empfängt
mich
gleicht
einem
freundlichen
und
vertrauen Blick
Dein Lachen
lockt
mich
gleicht
einem
Feuerwerk
leuchtender
und
zarter Sternschnuppen

Deine Worte
verwundern
mich
sind
unvergleichbar
neu
unschuldig
und
verletzlich
wie
die Tautropfen
auf den Halmen
Ich
fühle
mich
empfangen
gelockt
verwundert
ob
dem Erwachen
in deiner Stimme
in deinem Lachen
in deinen Worten
Rein
und
offen
wie
der erste Blick
nach
langer dunkler Nacht

LICHT FÜR ANDERE

In der Unendlichkeit geboren
und
auf der Suche nach Einigkeit
tauchen wir ein
in die Endlichkeit unserer Träume
und
erwachen auf dem Weg
in das Licht unseres Seins

ES KANN SEIN

Laute Stimmen
wilde Gesten
fremder Blick
aufgerissene Seelen

Wie kann es sein?
Die Worte eines Landes -
zwei verschiedene Sprachen

Kein Weg
der Zugang verschlossen
Des Missverständnis' Grauen
versperrt breitbeinig die Tür

Wie kann es sein?
Einst getragen vom Gefühl -
demontiert, zerfetzt und aufgelöst
entzweite Einheit

Abgewiesen
Verstoßen
Zurückgelassen
Das Dunkle nach außen getrieben
mit Macht verleugnet
Der Ursache Grund verdeckt
umgewandelt
und
vom Schmerz regiert

Der Seele Gesetze missachtet
Das Gefühl gestürzt
Das Selbst entwürdigt
Kann es sein?
Spuren des Vertrauens
verwischt
die Liebe
verkannt

Das Ich und Du
im Rollentausch:
sich selbst vertrieben
nicht
den anderen
Die Wärme
eingefroren
sich selbst
belogen

Die Suche aufgefangen
Heimkehr der Verirrung
wiedergefunden
im Takt des Herzes

Samtig weiche Enthüllung
der Liebe zu mir selbst
Es kann sein.

FREUNDSCHAFT

Sie ist
wie der Wind
immer und überall
stets in Bewegung
Sie ist
wie das Feuer
wild und unbezähmbar
auch ein wärmender Schutz
Sie ist
wie das Wasser
unendlich und tief
keine Welle gleicht der anderen
Sie ist
wie die Erde
beständig und fruchtbar
liegt zu unseren Füßen
Und kommen Tage
des Sturms
der Kälte
der Trockenheit
Dann trägt sie uns
mit Geduld und Vertrauen
Dann öffnet sie
unsere Hoffnung
unsere Zuversicht
unsere Träume

Sie ist
der Schlüssel
zu unseren Herzen –
Freundschaft

GEDANKEN-FREI

Hinausfliegen
frei sein
auf den Wellen
des Windes
gleiten
und
die Welt
von oben sehen
Eine neue Perspektive
auf
Alltägliches
Vertrautes
Liebgewonnenes
und
Unerledigtes
Einmal
die Schwere-Losigkeit
erleben
und
das Unendliche
berühren
Einmal
das Glück
vom Eins-Sein
erfahren
und
der Zukunft
mit beschwingtem Herzen
begegnen
Gedanken-Frei

GEHEN UND KOMMEN

Ein letzter Blick
Stunden
in der warmen Wintersonne
sind vergangen
Wir
sind zusammengekommen
Gedankenspiel
zwischen
dem, was war
und
dem, was sein kann
Dann
ging jeder wieder
in
sein Leben
Ein Kommen und Gehen

Minuten
der Stille
führen
mich zurück
zu mir
Mein Inneres
erzählt von
Angst
dem Alleine sein:
soweit gekommen
und doch
erst

der Anfang
eines Weges
Eine Stimme in mir
flüstert leise
komm
lass uns
weitergehen
Ein Kommen und Gehen

Die Tür
aufgemacht
Verborgenes
ans Licht
geführt
und
dem Schatten
gelauscht
Ich berühre es
sein Haupt gesenkt
gebeugt
in die Asche
dunkler Vergangenheit
und
entlasse es aus
meiner engen Kammer
Staunend
schaut es
hinter sich
und
erhebt sich

in die ersehnte Freiheit
Ein Kommen und Gehen

Leere in mir:
habe ich etwas
verloren
oder
neuem Leben
Platz gemacht?
Deine Hand
auf meiner Schulter
umfasst
mein Herz
Ich spüre
warmen Puls
fast vergessen
und doch
vertraut
Ich erkenne
den Zyklus
zwischen
Vergänglichem
und
Bestehendem
von
Gefangenschaft
und
Liebe
Es ist
ein Gehen und Kommen

HEUTE

Begegne ich
meinem alten Schmerz
oder
sehe ich
einen neuen Teil
meiner selbst
Suche ich
den Kampf
oder
finde ich
zum Fluss
der Aufgestautes
reinigt und wandelt
Schütze ich
mein Inneres
oder
öffne ich mich
für
neue Wege

Lebe ich
die Vergangenheit
oder
bin ich bereit
das Jetzt
zu erfahren

Mein Misstrauen
losgelassen
Meine Wut
geklärt
Meine Angst
geöffnet
Mein Herz
befreit
und
mit Leichtigkeit
bereichert
Auch heute

GETRAGEN

Ohne Farbe
ohne Form
Keinen Mund
und
keine Augen
Welchen Körper
welche Größe
Ob schnell
ob leicht
Für eine lange Zeit
oder nur
flüchtig vorbeigehuscht

Erlebt
und doch
niemals angefasst
Beschrieben
ohne jemals
alles
sagen zu können
Gesehen
in die Tiefe getaucht
endlos verloren
und
geborgen

Spiegelbild
der Gegensätze:
Was ist wahr
oder
nur geträumt?
Einmal angekommen
die Grenzenlosigkeit
erfahren
das Unsichtbare
berührt

Das Selbst
aufgelöst
im Augenblick
der Ewigkeit
und
die Sprache verstanden
wenn
die Liebe
unsere Seele
auf Händen trägt

GELERNTES

Hör zu
das
habe ich gelernt:

Alles
was ich
für
dich
wünsche
ist
mein eigenes
Begehren

Jede
deiner Wandlungen
in die
gewünschte Richtung
betrachte
ich
als Geschenk
für uns

Es bleibt
meine Aufgabe
dich
so
zu lieben
mit
der Erkenntnis
dass
deine Wandelbarkeit
meine eigenen
unerledigten Wünsche
durchleuchtet

20 £ 19

HEILIGER ZAUBER

Winterlich
enthüllt
die Natur
feinstes Geäst
und
wendet sich
schweigend
ihrem Inneren zu

Heimelig
verhüllt
des Lichtes Schatten
vertraute Wege
und
deutet mir
lauschend
inne zu halten

Warm
ummantelt
der Wende Dunkelheit
deutungsvolle
Begegnungen
und
schenkt mir
sein Leuchten
in meine Hände

Feierlich
zaubert
mildes Lächeln sich
auf das Land
und
hüllt mich ein
in den Glanz
dieser Heiligen Nacht

HERZSCHLAG

Leben:
eine Aneinanderreihung
von
Augenblicken

Augenblicke:
Mosaiksteinchen
im
Jetzt

Jetzt:
Dasein
in der Verschmelzung
von
Raum und Zeit
Eins
werden
mit
dem Unendlichen

Unendlichkeit:
Herzschlag
des Lebens

IM FLUSS DER WANDLUNG

Wo vorher
der Wunsch
nach
Ankommen, Zuhause und Ruhe
täglich
aufs Neue motivierte
das Schwere zu tragen
und
auf Leichtigkeit zu verzichten
Ist jetzt
das Gefühl
von
Einheit, Geborgenheit und Sicherheit
in mir
und motiviert
zu vertrauen
zu wagen
mir selbst treu zu sein
lächelnd und weinend

Wo vorher
die Sehnsucht
zusammenschweißte
ohne Kampf und Anstrengung
sein zu dürfen
ganz und gar
auch vom Anderen genommen
um dem eigenen Herzen
Frieden zu schenken

Ist jetzt
das Gefühl
von
Miteinander, Freiheit und Wertschätzung
in mir
und lässt mich sein
jeden Tag neu
nach meiner Facon
weil Frieden
in mein Herz eingekehrt ist

Wo einst
der Blick
in die Zukunft
Hoffnung zu geben
versuchte
das Gegenwärtige
zu meistern
Ist jetzt
der Augenblick
meine Realität
Die Gegenwart
gestalte ich erfüllend
so, dass
die Zukunft
aus dem fortgesetzten Jetzt
entsteht

Wo einst
Beweise
für die Liebe
bedeutsam waren
um Sicherheit
für das eigene
hungernde Ich
zu gewinnen
Ist jetzt
die Liebe
Quelle sprudelnder Inspirationen
unzensiert, spontan, einfach
und
bringt
die Schönheit
meiner wahren Natur hervor

Wo einst
aus Regeln
unserer Vorstellungen
die Bilder
einer Zweisamkeit
aneinandergesetzt wurden
erlebe ich
jetzt
ein Mit-dem-anderen-Sein
als Gleichklang
zweier Seelen
im Fluss des Lebens

Wo vorher
Werte schlummerten
Tiefen unentdeckt blieben
und
die Schatten aus dem Dunkel
nach uns griffen
Dort habe ich
mich befreit
mich entwickelt
dort
habe ich mich
für mich entschieden
heute so zu sein

JEDEN MORGEN NEU

Ein Morgen erwacht
ganz rein
und
unverbraucht

Was wird er bringen
dieser Tag
und
wie wird er enden

Sich erheben
und
hinausfliegen
der Sonne
entgegen
und
staunen
über der Landschaft
wandelbares Kleid

Freudig
jauchze ich:
Ein Teil
bin ich
von allem
sehend
riechend
hörend
fühlend

mit
einem Tropfen
süßen Lebensnektars
auf meiner Zunge

Vertraute Heimkehr
in den Garten
meiner Seele
weich
sanft
beschützt
lasse ich mich fallen

Der Sonne
warmes Rot
ist mein Kokon
für die Nacht
und
die Erde
nimmt mich auf
hält mich
wenn
ich träumend
wandle

Leise
führt
der Weg zurück
hierher
erzählt
viel Wundersames
und
lässt mich
auf warmen Strahlen
in
mein Herz gleiten
wenn
ich in deine Augen blicke –

Jeden Morgen neu

QUELLE

Der Freude
lichter Tanz
ist
unser Geschenk
unser erstes Ja
Tränen
sind
die Tropfen
im großen Fluss
unserer Gefühle
Wasser für die Blumen
die unseren Weg säumen
Stimmen
wir ein
in den Tanz des Lebens
verschenken wir uns selbst
so
werden unsere Tränen
eins mit unserer Quelle
aus der
die Blüten
unsere Wahrheit trinken

IMMER

So lange der Atem reicht
So lange meine Augen schauen
So lange mein Herz schlägt
    belebt neuer Sauerstoff meinen Körper
    werden Eindrücke vermittelt
    erlebe ich Zeiten unterschiedlicher Rhythmen

So lange meine Vernunft wacht
So lange meine Ohren aufnehmen
So lange meine Seele lebt
    bleiben Geheimnisse verborgen
    werden Fragen offen bleiben
    erhalte ich mir meine Menschlichkeit

Wer bestimmt
über
die Dauer
die Art und Weise
den Gegenstand
meines Daseins?
meines Wirkens?
meiner Verwandlungen?

Wo ist mein Ich, dass es
    stets weiß, wieviel Luft meine Lungen brauchen?
    stets erkennt, was ich sehe?
    stets der Stimme meines Herzens folgt?
Wer ist mein Selbst, dass es
    immer meine Gefühle denkt?
    immer versteht, was ich höre?
    immer frei genug ist, dem Unbekannten zu folgen?

Mensch-Sein
erfüllt sich, wenn ich
   dankend annehme, was mir von Natur aus geschenkt
   wurde
   mein eigenes Potenzial erforsche
   die Abenteuer in mir drinnen entdecke
   bereit bin, Herausforderungen einzugehen
   erkenne, dass Vertrauen in das Fremde,
   Motivation und Kraft zugleich bedeutet
   mich öffne, hinter dem scheinbar Unüberwindlichen
   eine neue Dimension zu erfahren

Denn,
   mein Körper genießt die Frische der Luft
   mein Auge liebt das Schöne
   mein Herz vertraut dem Takt des Lebens
   mein Verstand weiß um seine Aufgaben
   meine Ohren kennen die Individualität von Worten
   meine Seele befreit mich

Immer,
   wenn mein Ich
   im Austausch
   mit seiner Welt
   sich selbst
   leben lässt

KIND DER FREIHEIT

In meinem Schatten
leuchtest du
und
lächelnd wandere ich
zurück
in die Verbannung
Dort
kenne ich mich aus
dort
ist der Weg geebnet
von den Jahren
eingelaufener Pfade
und
gewohnter Parcours
weit ab
von den Verwehungen
wahren Seins
fern von
den Kostbarkeiten
deren Herkunft
meine wahre Heimat sind
Ich brauche
diese meine Spuren
sie sind
meine Geschichte
meine Bodenhaftung
meine Anhaftung
an längst Überholtem

Beschritten Wege
sind vergangen
Vorstellungen
sind Bühnenwerk
Heute
fange ich an
lerne
neue Schritte zu wagen
hinaus ins Leben
dort
wo das Unvorstellbare
mich Vertrauen lehrt
und
Mut
die Kraft ist
mir ein Herz zu fassen
dort
wo es möglich wird
über meinen Schatten zu springen
und
meine Angst
ein Kind der Freiheit ist

LADYBIRD

Eine
halbe Schale
rotes Kleid
mit
schwarzen Tupfen
gibt
ihm Schutz
und lässt
so manches
Kinderherz
fröhlich staunen
Ist
er noch
so klein
er kennt
seinen Weg
zart fühlend
balanciert er
über feine Halme
erklimmt
so manchen
steilen Blumenstiel
Emsig
ist er unterwegs
und
findet
immer wieder
eine Stelle
an der er
unbesorgt innehält –

was mag er sich wohl denken?
Nichts passiert
was ich
mit meinen Augen
sehen könnte
Es öffnet
sich
eine Tür
ich fühle
wie
sein Herzchen klopft
und
mit seinen Fühlern
sanft
mich streichelt
Da
sehe ich
mit einem Mal
wie
aus des Käfers Mitte
milder Glanz
ein Lächeln
zaubert
und
auf Schwingen
unbegrenzter Freude
mir
die Schönheit
seines Wegs
zeigt

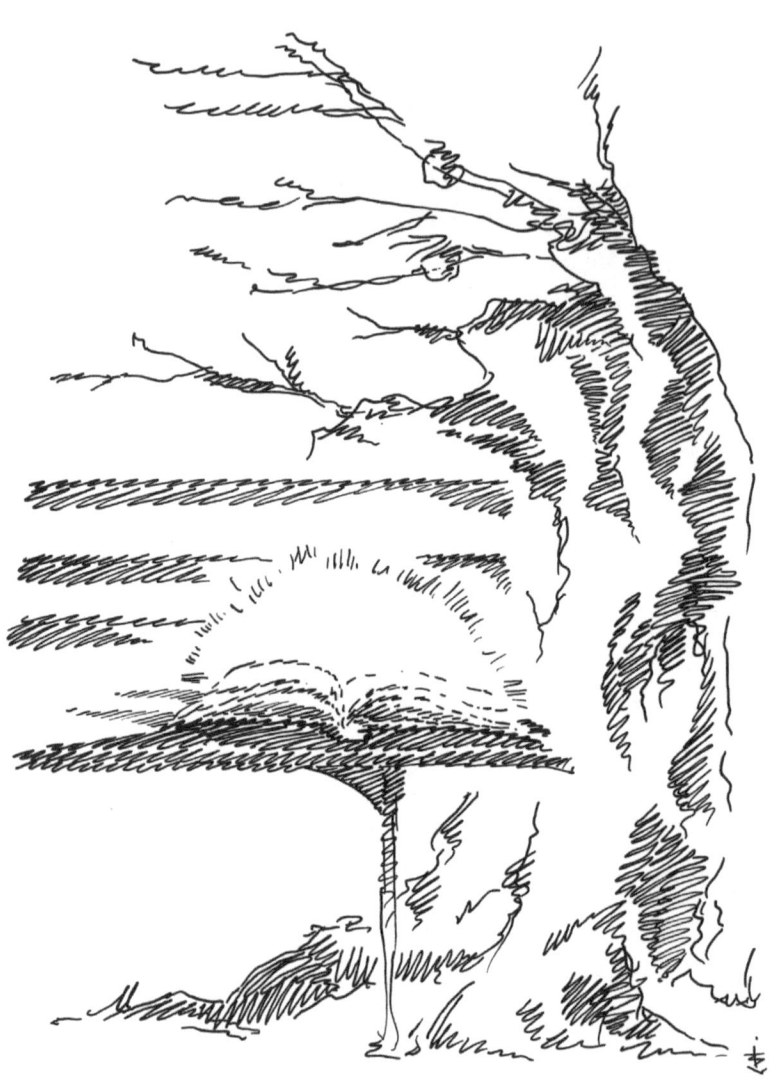

LEBENSGESTALTUNG

Kühle Luft
klarer Abendhimmel
stilles Funkeln
erleuchten
meinen Weg
heimwärts
in die Stille
in den Frieden, der den Tag beschließt
Klänge
begleiten
meine Gedanken
wiegen
mein Inneres
in sanftem Takt
Mildes Licht
hüllt
die dunklen Winkel
in einen warmen Glanz
Bilder
meiner Seele
erzählen
von
    stillen Sommerabenden
    der Heimkehr zu sich selbst
vom
    Dahingleiten
    auf den Wellen
    des Gefühls

vom
>Eintauchen
in die Welt
bewahrter Träume
dort, wo
die Seele
Antworten auf
ach so viele Fragen
erhält

So viel geschaut
und
immer noch nicht
genug gesehen?
So viel gehört
und
immer noch nicht
genug gelernt?
So viel erkannt
und
immer noch nicht
genug durchleuchtet?

So viel Erlebtes
hineingeströmt
aufbewahrt
und
der Veränderung
freien Lauf gelassen
Das Geheimnis
aufgespürt
und
der ungebändigten Kraft
mein Vertrauen geschenkt

Am tiefsten Punkt
meines Lebens
angeknüpft
und
in Raum und Zeit
als Wegbegleiter
die Liebe
zum Lebensgestalter
auserkoren

LICHT

Aus einem sind wir geschaffen
dort
wo das Abendlicht
die Unendlichkeit empfängt
und
uns mildes Lächeln
in unsere Herzen schenkt
dort
ist das das Tor zur Einigkeit

Als Mann und Frau geboren
hier
wo Tag und Nacht
unsere Schritte lenken
und
alles einem Rhythmus folgt
hier
ist der Weg zum Werden
zurück zum Sein
So zählen wir die Spuren
gemeinsamer Zeit
zerteilt durch die Ohnmacht der Endlichkeit
getröstet durch die Erinnerung an Unzertrennliches

In dem Du
hat sich unser Ich gefunden
und
blieb so manches darunter rätselhaft
der Seelen Weisheit
ließ uns wiederfinden
und
gab uns ihren Segen

Aus einem sind wir geschaffen
dort
wo das Abendlicht
die Unendlichkeit empfängt
und
uns mildes Lächeln
in unsere Herzen schenkt
dort
gehen wir ein
in das Licht der Ewigkeit

LIEBESERWACHEN

Sommernacht
sanfter Regen
tauft
durstiges Grün
und
zaubert
Landschaften
warmer Düfte
Deine Küsse
benetzen
meine Haut
und
schenken
jeder Zelle
neuen Atem
Du berührst
mein Herz
gleichwohl
als streicheltest du
zarte Rosenblüten
und
mit einem Lächeln
verbindet uns
das Unaussprechliche
wissend
um die Kostbarkeit
geteilter Zeit
So wie die Erde
den Regen trinkt

so nehme ich dich
in mich auf
als Geschenk
dessen schönste Blüte
der Liebe
Erwachen ist

LICHT UND SCHATTEN

Ein Weg
im grünen Dschungel
kaum
erkennbar
welches Blatt
und
welche Blüte
aus
welchem Stamm
getrieben

Verschlungene Vielfalt
eure Namen
kenne ich nicht
staunend
bin ich
eingehüllt
von eurer Schönheit

Düfte
süß und schwer
feuchter Dampf der Erde
dringen
durch meine Haut
und
tragen
meinen Gang

Nicht weit
kann ich erkennen
wohin
der Weg
mich führt
doch
ist in allem Neuen
Unbekannten
stets
das Spiel aus
Licht und Schatten -
der Reiz
zum Weitergehen

.

LICHT IM DUNKELN

Ein Jahr
geht
seine letzten Schritte
taucht ein
in das Reich stiller Erinnerungen
Immer müder
wird
des Tages Licht
und
im Schleier grauer Schatten
leuchtet
bunt geschmückter Glanz
wie
herabgefallenes Sternenlicht
Schweigsam
lasse ich mich nieder
auf meinem Weg
in
der Gezeiten Winterschlaf
und lausche
den Geschichten
vergangener Tage
Sie erzählen
von
Licht und Schatten
Frohsinn und Tränen
Hoffnung und Mutlosigkeit
Träumen und Aufgaben
Vorwärts und Besinnung

Ich komme bei mir an
und sehe
wieviel Helligkeit
in mein Jahr
geschenkt wurde -
Himmlische Sonnenstrahlen
die durch
das Fenster meiner Seele
auch
meine dunkle Seite
streicheln

MIKROKOSMOS

Kalte klare Schönheit
winterliches Blau färbt die Landschaft
majestätisch der Sonne Helligkeit
jeder Funken Wärme
aufgesaugt aus den flachen Strahlen
Warten
bis die Gezeiten der Unendlichkeit
allem Lebendigen
wie von einem Zauberstab berührt
die innere Kraft entlocken

Der Papillon schlüpft aus seinem Schutz
die Seele bekommt Flügel
ein Tanz in warmem Licht
Ein Jeder
organisiert sich für den Tag
des Erwachens, des Öffnens, des Schlüpfens
des Einsseins mit der unendlichen Schönheit

Der Mensch
gleicht einer Zelle
vorangetrieben, ein Ziel zu erreichen
Woher die Aufgabe
auf welchem Weg
mit was für einem Sinn
Fragen sind die Wegbegleiter

Zwischenzeitliche Begegnungen
verschmolzen und wieder getrennt
niemals als Derselbe weitergezogen
Stetige Veränderung
teilhaben am ewigen Wachsen und Gedeihen
Der Puls des Makrokosmos
und wir sind ein Abbild davon

MUTTER

Weite Wege
kommst Du her
um dein Licht der Welt
zu schenken
Anschmiegsam
verletzlich
tanzt
die Blüte deiner Seele
auf dem großen Strom des Lebens
So leuchtet
deine Einzigartigkeit
jeden Schritt
auch an dunklen Tagen
und
deine Zartheit
öffnet unsere Herzen
eins zu werden
mit unserer Wahrheit

OFFENBARUNG

Leicht wanderten
die Worte
zwischen uns
so
als sprächen sie
von
verwandten Seelen

Unbeschwert tanzten
die Gefühle
durch uns
so
als folgten sie
einer Melodie

Stille
und
Freiheit
begegneten
Lachen
und Einigkeit

So
verstanden
wir uns
schweigend
wandelten
auf den Schwingen
vertrauten
sich selbst Seins

So
schenkten
wir uns
einander
entdeckten
die Schönheit
unbestimmbaren
Miteinanders

So
entfaltete
sich
das Wir
zur Offenbarung
für jeden von uns

RISIKO

Einfach
losgesprungen
und
nicht angekommen?

Mein
geheimer Wunsch
und
die zehrende Frage
nach dem Zeitpunkt...

Einfach
losgelassen
und
erfahren
wie es ist
wenn
der Weg
zum Ziel wird

Fühlen
wie es ist
wenn
wir
im freien Fall
den weichen Boden
unserer Lebensträume
immer näher
kommen sehen

NEUE WEGE

Keine Phase
ohne
ein Geschenk
Kein dorniger Pfad
ohne
eine Blume
Kein Weinen
ohne
meine Liebe für dich

Ich bin da
auch wenn ich
manchmal für mich
sein muss
Ich halte dich
auch wenn mich
manch innerer Kampf
in die Knie zwingt
Ich liebe dich
auch wenn ich
neue Wege gehen muss
sie dir zu zeigen

AUF IMMER

Einem Samen gleich
werden wir
der Welt
geschenkt
hineingepflanzt
in den Boden
des Lebens

Wo Dunkel
uns umhüllt
entdecken wir
die Kraft zu wachsen
hinauf zum Licht
entfalten wir
die Schönheit
unseres Ursprungs

Verwurzelt im Anfang
öffnen wir
die Kostbarkeit
unseres Inneren
und
erleben
die Geborgenheit
in den Händen
der unendlichen Liebe
getragen zu sein

ROSEN GESICHT

Eingehüllt
und
gut geschützt
kamen sie
durch den
herbstlichen
grauen Regen

Nur
ein kleiner Spalt
geöffnet
erreichte mich
das Lächeln
ihrer Anmut

Eilig
auf dem Weg nach Hause
und
mit Sorgfalt
ausgewickelt
konnte
ich ihre Zahl
mit bloßem Auge
nicht erfassen

Hell und dunkel
leuchtet
der Samt ihrer Blüten
zarter Duft
dringt aus ihrer verborgenen Mitte
so
schauen sie mich an
und
ich sehe
in ihnen
dein Gesicht

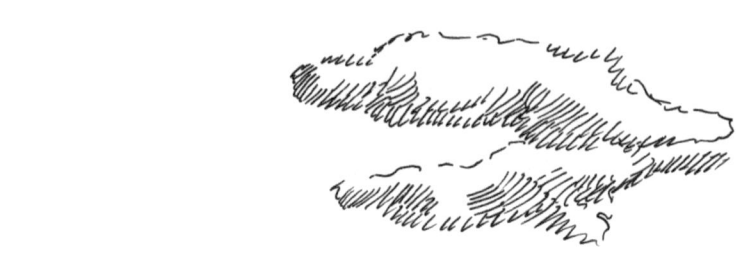

SEHNSUCHT

Goldenes Zittern
Silberfäden wehen
im Duft
wehmütig
warmer Herbstluft
Wo der Sonne Strahlen
uns berühren
legt sich
der glänzende Mantel
um unsere Körper
taucht ein
und
streichelt
unsere Herzen
Blinzelnd
genießen wir
den Herbsttanz
Abschied vom Sommer
Der Sonne Bahn
verkürzt
kühler Schauer
auf der Haut
lässt uns wissen
die heißen Tage
sind vergangen
Alles erscheint
in neuem Licht:
Die Luft ist
herb und feucht

der Himmel
wässrig
der Sonne
blasser Silberspiegel
treibt müde
auf dem See
Unsere Arme
sind verschränkt
zusammengekauert
und
mit kurzen Hälsen
saugen wir
die letzte Wärme auf
legen
einen Wintervorrat an
Kühle
karge Zeiten kommen
doch
mit dem Zauber
des heutigen Tages
bleibt
die Erinnerung wach
Meine Sehnsucht
nach
dem Glanz deiner Augen
der Wärme deines Herzens
der Zärtlichkeit
unserer
Verbundenheit

SO FREI

Sich
so frei
zu zeigen
nur
sich selbst
als
Geschenk
des Lebens
als
ein Wunder
das
jeden Tag
neu erwacht
und
sich spiegelt
in der großen Seele

So frei
zu sein
nur
sich selbst
empfinden
Die Quelle
eigenen Seins
erspüren
und
die Kraft
des reinen Herzens
mit
offenen Armen
empfangen

VERTRAUEN

Ich halte inne
für einen Moment
drehe ich den Kopf
und
schaue zurück
Unsere Blicke
trafen sich
die Klarheit deines Wunsches
blieb verborgen
unbemerkt
öffnete sich eine Tür
im Dunkel
meines Inneren
Kaum
vergingen
die ersten Tage
wundersamen Eintauchens
da
erwachten wir erneut
da
enthüllten sich uns
Schatten der Vergangenheit
Immer weiter
drangen wir
ins Unbekannte ein
immer tiefer
gerieten wir
ins Ungewisse
alles schien

der Auflösung geweiht
Traurigkeit und Schwere
waren eingezogen
Lachen und Leichtigkeit
sehnten
wir herbei
wie einen großen Regen
der aufgebrochene Erde
heilt
Suchten
wir uns voneinander
zu befreien
so fanden wir
im Wiedersehen
eine neue Offenbarung
Unbewusst
hatten wir
unsere Zukunft
in die Hände
höherer Mächte gelegt

Ein Traum
verbindet uns
Er ist
das Licht im Dunklen
das Lachen in der Traurigkeit
das Du im eignen Schmerz
Er ist
die Befreiung
weil er uns
Hoffnung schenkt
und
Mut macht
auch weiterhin
in
unsere Liebe
zu vertrauen

VERWANDLUNG

Schwindel
leises Zittern
Lauer Wind begleitet
die Geburt
zarten Grüns
Wirbeltanz
mit ausgestreckten Armen
nach dem Leben greifen

Schwindel
leises Zittern
Warmer Blick begleitet
stille Gesten
leise Worte
Lachendes Gesicht
das Glück erfahren
Gefühltes Leben
eingetaucht
das Unerschöpfliche geahnt
und
mit vollen Händen
das Jetzt
verwandelt

VERZAGEN UND VERZEIHEN

Mein Herz
gefasst und mutig
die Treppe
hinabgestiegen
in den Keller
meines Seins

Ins Dunkel
fällt mein Blick
Schweigen
antwortet
meinen Fragen
Leere umfängt
mein Herz

Wer
zeigt mir den Weg
hört meine Worte
hält mich
in meiner Einsamkeit
Nichts
gibt es zu sehen
dessen Stimme mir vertraut
was mir eine Hand reicht
Angst
heißt
mein Schaudern
Zweifel
ist
mein Stillstand

Verlorensein
lässt
mich verzagen

Mein Kampf
beschlossen
aufgegeben
und
zunichte gemacht
Den Sinn
gesucht
aufgestöbert
und
laufen gelassen

Ich
erkenne
kein Schatten ohne Licht
höre
in der Stille meine Stimme
empfange
die Fülle aus der Tiefe meiner Seele

Im Verzeihen
keimt
mein neues Selbst

WAS ES IST

Traurig schlaff
hängt das Gesicht
schleppt die Körpermasse
die Schale
brodelnder Seelenflüssigkeit
durch Raum und Zeit
Aus dem inneren Feuer
steigen Bilder empor
Leidenschaft
Verschmelzung
Einssein
Woher nur kommen sie
in all meiner Verzweiflung
in all unserem Entzweien
in all den offenen Fragen
Sind sie
letzter Halt
Visionen eines sehnenden Herzens
Trugbild
Verblendung
oder
Sind sie
das Licht im Dunklen
Hoffnung
Führung

Tränen rollen
über
meine erstarrten Züge
Warum nur
wenn
ich im Inneren
unser Lachen höre
heiteres Glück
mit Dir erfahre
Erinnerungen
Wunschbilder
Zugpferde der Vergangenheit
täuschen sie mich
so
wie das Funkeln am Nachthimmel
vergessen lässt,
dass so mancher Stern
bereits erloschen ist

Unser Denken
bringt die Ungewissheit
Jene Unruhe und Entfremdung
die unsere Zweifel und Ängste sind
alle Erdenschwere
aus der wir uns freistrampeln
der letzten Sicherheit folgend
den Worten unseres Gefühls vertrauend

Mein Kopf
sucht
unermüdlich
nach Stützen meiner Enteinigung
nach Fassbarem im Unerklärlichen
nach Haltbarem im Fluss des Lebens
Sollte ich
die Veränderungen anhalten
das Wandelbare festhalten
die Suche aushalten
Was hält
mich zusammen
mich am Leben
in all dem
Drängen
Treiben
der Gier nach Erfüllung?

Dort
wo meine Vernunft
zerstückelt
bewertet
Grenzen zieht
Einsamkeit schafft
finde ich
nicht
was es ist

Dort
wo ich
mit mir bin
wo
Raum und Zeit
im Jetzt
verschmelzen
Dort
wo sich der Augenblick
der Unendlichkeit
öffnet
Dort
finde ich
mein Zuhause

Dort
bin ich
in Liebe

Das ist es, was es ist

WELLENWEISHEIT

Mögen meine Gedanken
sein
wie Wellen
immer in Bewegung
keine
gleicht der anderen

Mächtig und groß
gewaltig türmen sie sich auf
und
ihre Gischt
färbt das Wasser weiß
Dröhnend
rollen sie heran
kennen kein Zurück
und
graben an dem Boden
auf dem ich sitze
Kein Stein
bleibt
wo er gelegen hat
zurückgezogen
in den Schlund
über den bereits
die nächste Welle bricht

Immer kleiner
werden sie gerieben
und
das Kullern
gleicht dem Echo
ihrer Herrscherin

Dann kehrt
Ruhe ein
sprudelnd zeigt sich
der Aufruhr
breiter Teppich
und
flüstert sanftes Plätschern
streichelt
Ausgehöhltes
Entblößtes

Doch der Rhythmus
ruft nach Wiederkehr
und
von Neuem
baut sich des Meeres
imposante Schönheit
vor mir auf

Mögen meine Ängste
sein
wie die Steine
umschlossen
und
gewendet
durch
die Kraft meiner Erkenntnisse

Mögen in Phasen der Besinnung
all das Freigelegte
sanft
im milden Licht
unendlicher Weisheit
leuchten

DIE EULE

Mit der Erkenntnis
des Abends
unter meinen Schwingen
und
der Seligkeit
der Nacht
durchleuchte ich
das Dunkle
und
verkünde
das Geheimnisvolle

In der
Geborgenheit
des Waldes
wache ich
über
Wege und Gezeiten
hüte ich
Geheimisse des Herzens
und
schweige ich
in Einsicht

TYPISCH

Der Vogel
fliegt
Der Fisch
schwimmt
Der Mensch
denkt

Hat der Vogel
Angst
vom Himmel zu fallen?
Hat der Fisch
Angst
in der Tiefe unterzugehen?
Warum
denkt der Mensch
seine Gefühle?

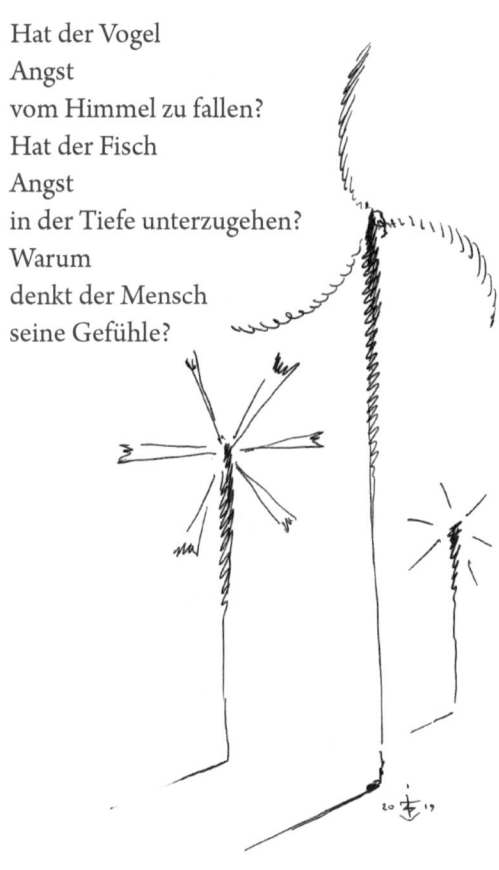

EINLASSEN

Goldenes Licht
streichelt
der Berge
kantiges Gesicht
Des Tages
erlebte Welt
taucht ein
in das Reich der Träume
Warme Silberpunkte
erhellen
das dunkle Dach
nächtlicher Wirklichkeit
und
verbinden
mein hier
und
dein dort Sein
So nah
fühle ich
dich
den Duft deiner Haut
die Weichheit deiner Stimme
den Rhythmus deines Herzens

So fern
ist
all das Liebgewonnene
der Halt in deinen Armen
das sanfte Leuchten in deinen Augen
die Zartheit deiner großen Hände
Wir suchten
neue Wege
und
erfahren
die Größe
unserer Verbundenheit
Lassen wir zu
dass der Sonne goldener Glanz
die Kanten unserer Herzen
mildert
dass die Erlebnisse des Tages
Wegweiser für die Wahrheit
unserer Träume sind
dass die Tränen der Nacht
zu Tautropfen
größerer Weisheit werden
in deren Funkeln
wir uns
neu
einlassen können

WIEDERSEHEN

Von
welchem Stern nur
bist
du
in mein Leben
gekommen
durchwirbelst
meine Welt
wie der
Herbstwind
der durch das Haus fährt
und
so manches Fenster
aufstößt
den Blätterhaufen
von unten her
aufmischt

Stürmisch
und
ausgelassen
spielerisch
und
kraftvoll
wehmütig
und
zerzaust

Auf
welchem Stern nur
sind
wir uns
schon einmal
begegnet
haben
den Frühling begrüßt
den Sommer gefeiert
den Herbst geträumt
den Winter bewundert
Vertraut
und
frei
sorglos
und
tanzend
verzaubert
und
glücklich

Wie viele
Sternschnuppen
habe ich gezählt
um
dich wiederzusehen

GLEICH-WERTIG

Es gibt Menschen
die das Leben
tief bedenken
und
es gibt Menschen
die die Tiefe
ihres Lebens
leben
Die einen
reden
und
spenden Geistvolles
die anderen
handeln
und
prägen Entwicklung

Mögen sich
Menschen begegnen
durch die
und
in denen
das Feinstoffliche
mit
der physischen Bedingtheit
zusammenschwingen
In denen
die Pulse des Fremden
zum Weg
der gegenseitigen Anerkennung
des demütigen Miteinanders
und
der aufrichtigen Einsicht
mit sich selbst
werden

ZEIT

Das Monster
Zeit
dirigiert
meinen Tag
Alltägliches
wird
zum Marathon
der Höchstgeschwindigkeiten
Als Schatten
eilt
sie mir voraus
nie
hole ich sie ein

Erst
wenn der Tag
sich neigt
und
das Licht
der Dunkelheit
weicht
dann
entschwindet auch
der Schatten
zerfließt
das Monster
Zeit

Ich schaue
zu den Sternen
Zeitfunken
der Unendlichkeit
so weit
seid ihr
von mir entfernt
Werde ich
jemals auf euch stehen
und
fühlen
wie es ist
die Zeit
in meinen Händen
zu tragen
Die Kostbarkeit
des Augenblicks
zu sehen
statt
mit erstarrtem Blick
zu warten
bis
der Sonne warme Strahlen
sich am Horizont
erheben

Tauche
ich ein
ins Licht
meines Herzens
dann
verliere ich
nichts
Auch
keine Zeit
denn
ich bin
hier
ein Teil von ihr

ZU ZWEIT

Hoch hinaus
den Himmel
berühren
und
mit den Wolken
schweben
Wohin
die Reise
geht
wir sind
zu zweit
und doch
sieht
keiner gleich
Frei und still
sind wir
ein Teil
der Elemente
im Vertrauen
aller guten Kräfte
Und
senkt sich
langsam
jener wärmende Punkt
vom Himmel nieder

Kommt
zur Erde nieder
und auf uns zu
dann klingt es
heimatlich
in unseren Herzen
Wie schön
dass es dich gibt

Céline von Knobelsdorff

 Geboren 1971 in München. Studium der Theaterwissenschaften, Musikwissenschaften und Philosophie in Mainz. Verschiedene Tätigkeiten in den Medien (ZDF) und in der Werbebranche. 2004 Gründung eigenes Unternehmen »Creative Visual Knowledge« (Text, Gestaltung, PR und Beratung). Seit 2009 darüberhinaus als Psychologische Beraterin tätig mit persönlichem Themenschwerpunkt »seelische Schulung«. 2017 erscheint das Sachbuch »Intuition für Rationalisten. Mehr Wissen für Mutige«. Seit 2017 lebt und wirkt Céline von Knobelsdorff in Waldburg. »Als ich träumte« ist eine Sammlung von Gedichten aus den Jahren 1998–2003 und ihr erster Lyrikband.
www.celine-von-knobelsdorff.com.

WER MEINT, DASS ALLES ÜBER INTUITION GESAGT WURDE, DER IRRT.

Besonders für den modernen und meist rational ausgerichteten Menschen der heutigen Zeit, der es gewohnt ist, sich auf Denken und Technik zu verlassen, kann es schwierig sein, den Zugang zur lebensspendenden Quelle der Intuition wiederzufinden. Dabei ist gerade sie es, die der menschlichen Evolution zu bedeutsamen Entwicklungsschritten verholfen hat.

Dieses Buch richtet sich an unseren scharfen Verstand und eröffnet einen perspektivreichen Weg zur Quelle des hohen Wissensgutes von Intuition. Sachverhalte werden präzise hinterfragt, wodurch sich dem Leser die wahre Position von Intuition in seinem Leben erschließt. Dafür blickt er auch über den Tellerrand eingerosteter Haltungen und Paradigmen hinaus. Was zunächst in liebevoller Kleinstarbeit (beinahe Wort für Wort) auseinandergenommen wird, fügt sich wachsend und praxisorientiert in ein großes Bild über die wahre Bedeutung und den immensen Einfluss unserer Intuition im persönlichen und beruflichen Leben zusammen.

Wer sich in die Magie dieser feinsinnigen Gedankenwelt von »Intuition für Rationalisten« hineinziehen lässt, wird einen nachhaltigen Nutzen daraus ziehen.

Céline von Knobelsdorff
INTUITION *für* RATIONALISTEN
Mehr Wissen für Mutige
240 Seiten
Erhältlich als e-Book, Paperback
und gebunden

Gestaltung: Achim Schmidt, Graphische Konzepte, Mettmann.
Gesetzt aus Arno Pro
Druck und Bindung: tredition GmbH, Hamburg

Printed in Germany
ISBN 978-3-7497-8814-9 (Paperback)
ISBN 978-3-7497-8815-6 (Hardcover)
ISBN 978-3-7497-8816-3 (e-Book)

www.celine-von-knobelsdorff.com

Zeitfracht Medien GmbH
Ferdinand-Jühlke-Straße 7
99095 Erfurt, Deutschland
produktsicherheit@kolibri360.de